ASSOCIATION NATIONALE FRANÇAISE
POUR LA
CTION LÉGALE DES TRAVAILLEURS
5, RUE LAS-CASES, 5

NOTE

SUR LE

TRAVAIL INDUSTRIEL DES ENFANTS

RAPPORT

présenté à l'Association Internationale pour la Protection légale des Travailleurs

PAR

M. GEORGES ALFASSA

PARIS

FÉLIX ALCAN, ÉDITEUR
LIBRAIRIES FÉLIX ALCAN & GUILLAUMIN réunies
BOULEVARD SAINT-GERMAIN, 108

Librairie de la Société du Recueil J.-B. Sirey
et du Journal du Palais
Anc⁰⁰ M⁰⁰ L. Larose et Forcel
22, RUE SOUFFLOT, PARIS, V⁰
L. LAROSE & L. TENIN, Direct⁰⁰

1908

COMITÉ DIRECTEUR DE L'ASSOCIATION

Paul CAUWÈS, professeur à la Faculté de Droit de l'Université de Paris, président honoraire de l'Association.

A. MILLERAND, député, ancien ministre du Commerce, **président**.

Ed. BRIAT, secrétaire général du Syndicat des ouvriers en instruments de précision, membre du Conseil supérieur du travail et de la Commission supérieure du travail dans l'industrie, **vice-président**.

A. LIÉBAUT, ingénieur, membre du Comité consultatif des arts et manufactures et de la Commission supérieure du travail dans l'industrie, **vice-président**.

Raoul JAY, professeur à la Faculté de Droit de l'Université de Paris, membre du Conseil supérieur du travail, **secrétaire général**.

Léon de SEILHAC, publiciste, délégué permanent du service industriel et ouvrier du *Musée social*, **trésorier**.

Georges ALFASSA, ingénieur civil, E. C. P.

Louis BARTHOU, député, ministre des Travaux publics.

Adéodat BOISSARD, professeur à la Faculté libre de Droit de Paris.

François FAGNOT, enquêteur à l'*Office du travail*.

Arthur FONTAINE, directeur du Travail au Ministère du Travail et de la Prévoyance sociale.

Arthur GROUSSIER, député.

Auguste KEUFER, délégué permanent de la Fédération française du Livre.

Abbé LEMIRE, député.

André LICHTENBERGER, directeur-adjoint du *Musée social*.

Henri LORIN, ancien élève de l'Ecole Polytechnique, membre du Comité de perfectionnement du Collège libre des Sciences sociales.

Etienne MARTIN-SAINT-LÉON, bibliothécaire du *Musée social*.

Comte A. de MUN, député.

C. PERREAU, ancien député, professeur à la Faculté de Droit de l'Université de Paris.

Eug. PETIT, docteur en Droit, ancien chef du cabinet du Ministre du Commerce.

Paul PIC, professeur à la Faculté de Droit de l'Université de Lyon.

Ivan STROHL, industriel.

Edouard VAILLANT, député.

Richard WADDINGTON, sénateur.

SIÈGE SOCIAL : **5, rue Las-Cases, PARIS**

ASSOCIATION NATIONALE FRANÇAISE
POUR LA
PROTECTION LÉGALE DES TRAVAILLEURS
5, RUE LAS-CASES, 5

NOTE

SUR LE

TRAVAIL INDUSTRIEL

DES ENFANTS

RAPPORT

présenté à l'Association Internationale pour la Protection légale des Travailleurs

PAR

M. GEORGES ALFASSA

PARIS

FÉLIX ALCAN, ÉDITEUR

LIBRAIRIES FÉLIX ALCAN & GUILLAUMIN réunies

BOULEVARD SAINT-GERMAIN, 108

Librairie de la Société du Recueil J.-B. Sirey
et du Journal du Palais
Anc⁰ᵉ Mᵒⁿ L. Larose et Forcel
22, RUE SOUFFLOT, PARIS, Vᵉ
L. LAROSE & L. TENIN, Directᵗˢ

1908

COMITÉ DIRECTEUR DE L'ASSOCIATION

Paul CAUWÈS, professeur à la Faculté de Droit de l'Université de Paris, président honoraire de l'Association.

A. MILLERAND, député, ancien ministre du Commerce, **président**.

Ed. BRIAT, secrétaire général du Syndicat des ouvriers en instruments de précision, membre du Conseil supérieur du travail et de la Commission supérieure du travail dans l'industrie, vice-président.

A. LIÉBAUT, ingénieur, membre du Comité consultatif des arts et manufactures et de la Commission supérieure du travail dans l'industrie, vice-président.

Raoul JAY, professeur à la Faculté de Droit de l'Université de Paris, membre du Conseil supérieur du travail, secrétaire général.

Léon de SEILHAC, publiciste, délégué permanent du service industriel et ouvrier du *Musée social*, trésorier.

Georges ALFASSA, ingénieur civil, E.-C.-P.

Louis BARTHOU, député, ministre des Travaux publics.

Adéodat BOISSARD, professeur à la Faculté libre de Droit de Paris.

François FAGNOT, enquêteur à l'*Office du travail*.

Arthur FONTAINE, directeur du Travail au Ministère du Travail et de la Prévoyance sociale.

Arthur GROUSSIER, député.

Auguste KEUFER, délégué permanent de la Fédération française du Livre.

Abbé LEMIRE, député.

André LICHTENBERGER, directeur-adjoint du *Musée social*.

Henri LORIN, ancien élève de l'Ecole Polytechnique, membre du Comité de perfectionnement du Collège libre des Sciences sociales.

Etienne MARTIN-SAINT-LÉON, bibliothécaire du *Musée social*.

Comte A. de MUN, député.

C. PERREAU, ancien député, professeur à la Faculté de Droit de l'Université de Paris.

Eug. PETIT, docteur en Droit, ancien chef du cabinet du Ministre du Commerce.

Paul PIC, professeur à la Faculté de Droit de l'Université de Lyon.

Ivan STROHL, industriel.

Edouard VAILLANT, député.

Richard WADDINGTON, sénateur.

SIÈGE SOCIAL : **5, rue Las-Cases, PARIS**

ASSOCIATION NATIONALE FRANÇAISE
POUR LA
PROTECTION LÉGALE DES TRAVAILLEURS
5, RUE LAS-CASES, 5

NOTE

SUR LE

TRAVAIL INDUSTRIEL DES ENFANTS

RAPPORT

présenté à l'Association Internationale pour la Protection légale des Travailleurs

PAR

M. Georges ALFASSA

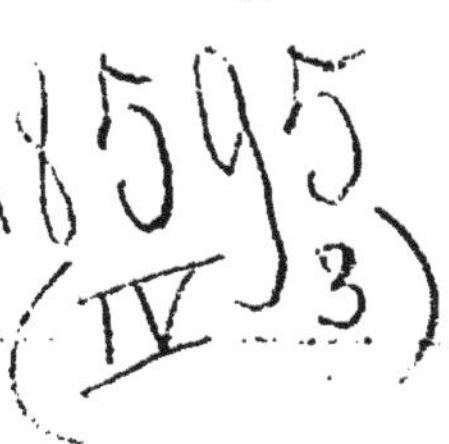

PARIS

FÉLIX ALCAN, ÉDITEUR

LIBRAIRIES FÉLIX ALCAN & GUILLAUMIN réunies

BOULEVARD SAINT-GERMAIN, 108

Librairie de la Société du Recueil J.-B. Sirey
et du Journal du Palais
Anc⁰⁰ Mᵒⁿ L. Larose et Forcel
22, RUE SOUFFLOT, PARIS, Vᵉ
L. LAROSE & L. TENIN, Directʳˢ

1908

NOTE

SUR

LE TRAVAIL INDUSTRIEL DES ENFANTS

En France, les enfants sont astreints à l'obligation scolaire de 6 ans révolus à 13 ans. Cependant ils peuvent se présenter dès 11 ans à l'examen du certificat d'études et, s'ils sont reçus, ils sont dès lors dispensés de la fréquentation de l'école.

Il n'est pas concédé de dérogations pour des raisons de nature économique.

Il existe dans un grand nombre de communes des cantines scolaires alimentées par des subventions ou des dons. Elles dépendent des *caisses des écoles*, qui font aux enfants nécessiteux la fourniture de vêtements indispensables, de chaussures ou de sabots.

La fourniture des livres et cahiers n'est gratuite que pour les indigents, dans la plupart des communes.

CONDITIONS D'ADMISSION DES ENFANTS AU TRAVAIL INDUSTRIEL

1° Conditions générales. — a) En principe, les enfants ne peuvent pas être employés avant l'âge de 13 ans révolus dans les usines, manufactures, mines, minières et carrières, chantiers, ateliers et leurs dépendances, de quelque nature que ce soit, publics ou privés, laïques ou religieux. Dans les orphelinats et institutions de bienfaisance, l'enseignement manuel ne peut être donné pendant plus de trois heures par jour, aux enfants au-dessous de cet âge.

Cette limite d'âge est ramenée à 12 ans pour les enfants ayant obtenu leur certificat d'études et qui sont munis d'un certificat d'aptitude physique, délivré, à titre gratuit, par l'un des médecins chargés de la surveillance du premier âge, ou l'un des médecins inspecteurs des écoles, ou tout autre médecin chargé d'un service public et désigné par le préfet. Cet examen, sur la demande des parents, peut être contradictoire. L'inspecteur du travail peut toujours requérir l'examen médical des enfants de moins de 16 ans, pour s'assurer que leur travail n'excède pas leurs forces.

b) Dans les mines, les enfants ne peuvent être, de 13 à 16 ans, occupés qu'à certains travaux accessoires. De 16 à 18 ans, il ne peuvent être occupés aux travaux principaux qu'à titre d'apprentis et pendant cinq heures au plus.

c) Pour les établissements purement commerciaux, il n'y a pas d'autre règle que celle qui dérive indirectement de l'obligation scolaire.

d) Bien qu'interdit en principe aux enfants, le *travail de nuit* est toléré dans certains cas et pour certaines industries. Certaines dérogations, temporaires ou permanentes, sont de droit ; d'autres ne peuvent être obtenues que par autorisation de l'inspecteur du travail (cas de chômage accidentel ou de force majeure).

Aucune condition n'est fixée pour que les enfants puissent être admis à travailler en vertu de ces dérogations, sauf en ce qui concerne les réparations urgentes de navires et de machines motrices : dans ce cas, la dérogation n'est prévue que pour les enfants au-dessus de 16 ans.

En ce qui concerne les dérogations accordées par les inspecteurs, une initiative intéressante a été prise récemment par un de ceux-ci. Avant d'accorder son autorisation, il a fait procéder à l'examen médical des enfants ; un tiers d'entre eux ont été déclarés inaptes.

Il n'existe pas de dispositions relatives au colportage. Mais les métiers ambulants sont partiellement réglés par la loi du 7 décembre 1874 ; cette même loi porte interdiction d'employer des enfants à la mendicité ou à des professions qui ne sont qu'une mendicité déguisée.

Exhibitions et spectacles. — Les enfants de moins de 13 ans ne peuvent être employés comme acteurs ni figurants dans les théâtres et cafés-concerts sédentaires. Pour les *théâtres* seulement, des autorisations exceptionnelles peuvent être données par le ministre des Beaux-Arts, à Paris, et par les préfets, en province (loi du 2 novembre 1892)

Pour les cirques et les acrobates ambulants, l'emploi des enfants de moins de 16 ans est interdit ; cependant, ceux qui exercent ces professions peuvent employer leurs propres enfants à partir de douze ans (loi du 7 décembre 1874).

2° En général, l'embauchage se fait à 13 ans ou à 12 ans. Cependant, dans quelques professions (verrerie, métallurgie, briqueterie, couture), il y a une forte tendance, en certaines régions, à employer des enfants en sous-âge.

Les derniers rapports de la Commission supérieure du travail indiquent une décroissance de ces abus, basée sur la diminution du nombre des procès-verbaux. Pour une partie, tout au moins, cette décroissance est peut-être plus apparente que réelle : d'une part, en effet, la vigilance des inspecteurs a pu être réclamée particulièrement par d'autres lois ; d'autre part, ces contraventions sont difficiles à saisir par suite des fraudes auxquelles on se livre avec la complicité des parents, par l'emploi de faux livrets d'apprentissage, notamment en faisant servir celui d'un frère ou d'une sœur plus âgés.

On reconnaît généralement que la fréquentation scolaire telle qu'elle est établie ne saurait être prolongée au delà de l'âge actuellement fixé.

Cependant, lors d'une récente session du Conseil supérieur du travail, à la suite de la discussion relative à l'enseignement professionnel, les membres patrons ont émis le vœu que les enfants soient mis à même de prolonger facultativement leur séjour à l'école d'une année, pour y recevoir « un enseigne- « ment primaire supérieur consacré spécialement « à la préparation aux carrières industrielles, com- « merciales (et même spéciales), dont le programme « d'études s'inspirerait des nécessités locales et ré- « gionales ».

Ce desideratum est déjà en partie satisfait par les *cours complémentaires* dont nous parlerons plus loin.

SITUATION DES ENFANTS DANS L'INDUSTRIE

a) Apprentissage. — Le contrat d'apprentissage est

réglé par la loi du 22 février 1851, dont le caractère essentiel est de poser le principe de la liberté du contrat qui peut être écrit ou verbal. Dans ce cas, la preuve testimoniale n'en peut être admise que conformément au titre des obligations du Code civil. La jurisprudence admet généralement la présomption de contrat verbal, dans les métiers où l'apprentissage est la règle, lorsque l'apprenti est depuis plus de deux mois chez son patron.

Néanmoins, on reproche au contrat verbal de placer le juge dans une trop grande incertitude qui ne lui permet pas toujours de discerner suffisamment en pareil cas le contrat d'apprentissage et le contrat de louage. C'est là ce qui justifie la suppression de la notion de contrat verbal dans la proposition de loi relative à l'apprentissage dont nous parlerons ci-après.

L'article 1er définit le contrat d'apprentissage :
« Celui par lequel un fabricant, un chef d'ate-
« lier ou un ouvrier s'oblige à enseigner la pratique
« de sa profession à une autre personne qui s'oblige,
« en retour, à travailler pour lui, le tout à des con-
« ditions et pendant un temps convenu ».

Aux termes de l'article 8 : « Le maître doit se con-
« duire envers l'apprenti en bon père de famille...

« Il n'emploiera l'apprenti, sauf conventions con-
« traires, qu'aux travaux et services qui se ratta-
« chent à l'exercice de sa profession. Il ne l'em-
« ploiera jamais à ceux qui seraient insalubres et
« au-dessus de ses forces. »

D'après l'article 11 : « L'apprenti est tenu de rem-
« placer, à la fin de l'apprentissage, le temps qu'il
« n'a pu employer par suite de maladie ou d'absence
« ayant duré plus de quinze jours ».

Enfin, l'article 12 stipule que : « Le maître doit « enseigner à l'apprenti, progressivement et com- « plètement, l'art, le métier ou la profession spé- « ciale qui fait l'objet du contrat ».

Louage. — Il n'existe pas de dispositions spéciales au contrat de louage en ce qui concerne les enfants.

b) Les contestations relatives à l'apprentissage sont de la compétence des conseils de prud'hommes, ou, à défaut, de celle du juge de paix.

A l'heure actuelle, les sanctions sont pratiquement insuffisantes.

Le conseil des prud'hommes peut contraindre à observer le contrat, sous peine de dommages-inté- rêts, la partie qui entend le rompre abusivement. Mais, dans la pratique, les résultats sont également mauvais, soit que l'on contraigne un patron à con- server un enfant dont il ne veut plus, soit que l'on oblige les parents à le laisser chez le patron d'où ils veulent le retirer. En outre, la sanction des dom- mages-intérêts est généralement illusoire lorsqu'elle frappe les parents de l'apprenti. Sauf lorsque la dis- position a été expressément prévue dans un contrat écrit, les conseils de prud'hommes ont, en effet, ten- dance à ne pas admettre le prélèvement opéré par le patron sur le salaire de l'apprenti pour constituer une masse qui réponde, en sa faveur, de l'obser- vation intégrale du contrat.

En cas de plainte de l'une ou l'autre partie, sur la façon dont le contrat est observé, le conseil de prud'hommes peut ordonner la mise en surveillance, par l'un de ses membres, de l'atelier ou de l'ap- prenti.

c) Le contrat écrit tend à diminuer ou même à disparaître, un peu par la faute des deux parties, et, notamment, en ce qui concerne les parents, parce qu'ils ont le désir d'être libres de retirer l'enfant quand il leur plaît, en vue surtout de lui faire gagner un salaire plus élevé, lorsqu'après un certain nombre de mois il est en mesure de travailler comme petite main spécialisée ; et cela, bien que, théoriquement, le contrat verbal les en empêche autant que le contrat écrit. Cette tendance est, en partie, justifiée par certains abus des patrons et, en particulier, parce que, dans certains cas, ceux-ci demandent à l'enfant un temps d'apprentissage plus long qu'il ne serait nécessaire et équitable.

En fait, le contrat oral est la règle beaucoup plus que le contrat tacite, car il est rare que les parties se réfèrent simplement à l'usage et ne stipulent pas la durée d'apprentissage et la rémunération.

Le contrat d'apprentissage est de moins en moins exécuté fidèlement ; les conséquences théoriques qu'entraîne sa rupture ont été indiquées au paragraphe *b* ; en fait, ces conséquences sont le plus souvent nulles. Cependant, au point de vue de l'enfant, on peut dire que, d'une façon générale, et quelle qu'en soit la cause, la rupture d'un apprentissage rend très difficile pour lui d'en recommencer un autre.

d) Mesures légales pour la protection des enfants dans l'industrie :

1° La journée de travail est limitée, pour les enfants, par la loi du 2 novembre 1892, modifiée par la loi du 30 mars 1900, à dix heures par jour.

Cette durée est la même pour tout le personnel employé dans les usines à personnel mixte. Les heures d'entrée et de sortie, ainsi que les repos, doivent être les mêmes pour tout le personnel.

Dans les mines, le travail souterrain est interdit aux filles de tout âge (ainsi qu'aux femmes). Pour les garçons de moins de 16 ans, le travail est fixé à un maximum de huit heures par poste et par vingt-quatre heures. Pour ceux compris entre 16 et 18 ans, le travail effectif ne peut dépasser dix heures par jour ni cinquante-quatre heures par semaine, non compris le temps de la descente et de la remontée et le temps nécessaire aux trajets pour se rendre au travail et en revenir.

Le travail de nuit est interdit en principe. Certaines dérogations sont admises, qui font l'objet d'un rapport spécial de notre collègue Fagnot à cette assemblée générale.

Le repos hebdomadaire était déjà assuré aux enfants et aux femmes, par la loi du 2 novembre 1892. Ils en bénéficient aujourd'hui au même titre que tous les travailleurs, depuis la loi du 13 juillet 1906.

Aucune disposition réglementaire ne vise les vacances.

2° D'après l'article 8 de la loi du 9 avril 1898, le calcul de l'indemnité due à un ouvrier de moins de 16 ans ou à un apprenti victime d'un accident est basé sur le salaire le moins élevé des ouvriers valides de la même catégorie occupés dans l'entreprise. Toutefois, en cas d'incapacité temporaire, l'indemnité de l'ouvrier de moins de 16 ans ne pourra dépasser le montant de son salaire.

3° L'article 12 de la loi du 2 novembre 1892 stipule que des règlements d'administration publique détermineront les différents genres de travail présentant des causes de danger ou excédant les forces, ou dangereux pour la moralité et qui seront interdits aux enfants ou aux filles et aux femmes.

L'article 13 stipule de même en ce qui concerne les établissements insalubres ou dangereux, où l'ouvrier est exposé à des manipulations ou à des émanations préjudiciables à sa santé.

En exécution de ces articles, le décret du 13 mai 1893 a énuméré comme suit les travaux interdits aux enfants.

TABLEAU A.

Travaux interdits aux enfants au-dessous de 18 ans, aux filles mineures et aux femmes.

TRAVAUX	RAISONS DE L'INTERDICTION.
Acide arsénique (Fabrication de l') au moyen de l'acide arsénieux et de l'acide azotique.........	Danger d'empoisonnement.
Acide fluorhydrique (Fabrication de l')...........	Vapeurs délétères.
Acide nitrique (Fabrication de l').................	*Idem.*
Acide oxalique (Fabrication de l').................	Danger d'empoisonnement. Vapeurs délétères.
Acide picrique (Fabrication de l').................	Vapeurs délétères.
Acide salicylique (Fabrication de l') au moyen de l'acide phénique......................	Émanations nuisibles.
Acide urique. (Voir Murexide.)	
Affinage des métaux au fourneau. (Voir Grillage des minerais.)	
Aniline. (Voir Nitrobenzine).	
Arséniate de potasse (Fabrication de l') au moyen du salpêtre...............................	Danger d'empoisonnement. Vapeurs délétères.
Benzine (Dérivés de la). [Voir Nitrobenzine.]	
Blanc de plomb. (Voir Céruse.)	
Bleu de Prusse (Fabrication du). [Voir Cyanure de potassium.]	
Cendres d'orfèvre (Traitement des) par le plomb...	Maladies spéciales dues aux émanations nuisibles.
Céruse ou blanc de plomb (Fabrication de la)......	*Idem.*
Chairs, débris et issues (Dépôts de) provenant de l'abatage des animaux..........................	Éman. nuis., danger d'infection.
Chlore (Fabrication du)..........................	Émanations nuisibles.
Chlorure de chaux (Fabrication du)...............	*Idem.*
Chlorures alcalins, eau de Javelle (Fabrication des).	*Idem.*
Chlorure de plomb (Fonderie de).................	*Idem.*
Chlorures de soufre (Fabrication des)	*Idem*
Chromate de potasse (Fabrication du).............	Maladies spéciales dues aux émanations.

TRAVAUX.	RAISONS DE L'INTERDICTION.
Cristaux (Polissage à sec des)	Poussières dangereuses.
Cyanure de potassium et bleu de Prusse (Fabrication de)	Danger d'empoisonnement.
Cyanure rouge de potassium ou prussiate rouge de potasse	Idem.
Débris d'animaux (Dépôts de). [Voir Chairs, etc.)	
Dentelles (Blanchissage à la céruse des)	Poussières dangereuses.
Eau de Javelle (Fabrications d'). [Voir Chlorures alcalins.]	
Eau-forte. (Voir acide nitrique.)	
Effilochage et déchiquetage des chiffons	Poussières nuisibles
Emaux (Grattage des) dans les fabriques de verre mousseline	Idem.
Engrais (Dépôts et fabrique d') au moyen de matières animales	Emanations nuisibles.
Equarrissage des animaux (Ateliers d')	Nature du travail. Emanations nuisibles.
Etamage des glaces par le mercure (Ateliers d')	Maladies spéciales dues aux émanations.
Fonte et laminage du plomb	Idem
Fulminate de mercure (Fabrication du)	Emanations nuisibles.
Glaces (Etamage des). [Voir Etamage.]	
Grillage des minerais sulfureux (sauf le cas prévu au tableau C)	Idem
Huiles et autres corps gras extraits des débris de matières animales	Idem
Litharge (Fabrication de la)	Maladies spéciales dues aux émanations.
Massicot (Fabrication du)	Idem.
Matières colorantes (Fabrication des) au moyen de l'aniline et de la nitrobenzine	Emanations nuisibles.
Métaux (Aiguisage et polissage des)	Poussières dangereuses.
Meulières et meules (Extraction et fabrication des).	Idem.
Minium (Fabrication du)	Maladies spéciales dues aux émanations.
Murexide (Fabrication de la) en vases clos par la réaction de l'acide azotique et de l'acide urique du guano	Vapeurs délétères.
Nitrate de méthyle (Fabrique de)	Idem.
Nitrobenzine, aniline et matières dérivant de la benzine (Fabrication de)	Vapeurs nuisibles.
Peaux de lièvre et de lapin. (Voir Secrétage.)	
Phosphore (Fabrication du)	Maladies spéciales dues aux émanations.
Plomb (Fonte et laminage du). [Voir Fonte.]	
Poils de lièvre et de lapin. (Voir Secrétage.)	
Prussiate de potasse. (Voir Cyanure de potassium.)	
Rouge de Prusse et d'Angleterre	Vapeurs délétères.
Secrétage des peaux ou poils de lièvre ou de lapin.	Poussières nuisibles ou vénéneuses.
Sulfate de mercure (Fabrication du)	Maladies spéciales dues aux émanations.
Sulfure d'arsenic (Fabrication du)	Danger d'empoisonnement.
Sulfure de sodium (Fabrication du)	Gaz délétère.
Traitement des minerais de plomb, zinc et cuivre, pour l'obtention des métaux bruts	Emanations nuisibles.
Verre (Polissage à sec du)	Poussières dangereuses.

TABLEAU B.

Travaux interdits aux enfants au-dessous de 18 ans.

TRAVAUX.	RAISONS DE L'INTERDICTION.
Amorces fulminantes (Fabrication des)............	Nécessité d'un travail prudent et attentif.
Amorces fulminantes pour pistolets d'enfants (Fabrication d')............................	*Idem.*
Artifices (Fabrication de pièces d')................	*Idem.*
Cartouches de guerre (Fabriques et dépôts d).....	*Idem.*
Celluloïd et produits nitrés analogues (Fabric. de)..	*Idem.*
Chiens (Infirmerie de)............................	Danger de morsures.
Chrysalides (Extraction des parties soyeuses des)..	Emanations nuisibles.
Dynamite (Fabriques et dépôts de)................	Nécessité d'un travail prudent et attentif.
Etoupilles (Fabrication d') avec matières explosives.	*Idem.*
Poudre de mine comprimée (Fabric. de cartouches de)	*Idem.*

TABLEAU C.

Établissements dans lesquels l'emploi des enfants au-dessous de 18 ans, des filles mineures et des femmes est autorisé sous certaines conditions.

ÉTABLISSEMENTS.	CONDITIONS.	MOTIFS.
Abattoirs publics et annexes...	Les enfants au-dessous de 16 ans ne seront pas employés dans les abattoirs et annexes.....	Dangers d'accidents et de blessures.
Albâtre (Sciage et polissage à sec de l').................	Les enfants au-desssus de 18 ans ne seront pas employés lorsque les poussières se dégageront librement dans les ateliers..	Poussières nuisibles.
Acide chlorhydrique (Production de l') par la décomposition des chlorures de magnésium, d'aluminium et autres.......	Les enfants au-dessous de 18 ans les filles mineures et femmes ne seront pas employés dans les ateliers où se dégagent des vapeurs et où l'on manipule les acides............	Dangers d'accidents.
Acide muriatique. (Voir Acide chlorhydrique.)		
Acide sulfurique (Fabrication de l').................	*Idem*.....................	*Idem.*

ÉTABLISSEMENTS.	CONDITIONS.	MOTIFS
Affinage de l'or et de l'argent par les acides.............	Les enfants au-dessous de 18 ans, les filles mineures et femmes ne seront pas employés dans les ateliers où se dégagent des vapeurs et où l'on manipule les acides.............	Dangers d'accidents.
Allumettes chimiques (Dép. d').	Les enfants au-dessous de 16 ans ne seront pas employés dans les magasins...............	Danger d'incendie.
Allumettes chimiques (Fabrication des)................	Les enfants au-dessous de 18 ans ne seront pas employés à la fusion des pâtes et au trempage......................	Maladies spéciales dues aux émanations.
Argenture sur métaux. (Voir Dorure et argenture.)		
Battage, cardage et épuration des laines, crins et plumes..	Les enfants au-dessous de 18 ans ne seront pas employés dans les ateliers où se dégagent des poussières............	Poussières nuisibles.
Battage des tapis en grand....	Idem..	Idem.
Battoir à écorces dans les villes.	Idem	Idem.
Benzine (Fabrication et dépôt de). [Voir Huile de pétrole, de schiste, etc.]		
Blanc de zinc (Fabrication de) par la combustion du métal.	Les enfants au-dessous de 18 ans ne seront pas employés dans les ateliers de combustion et de condensation............	Vapeurs nuisibles.
Blanchîment (Toile, paille, papier)...................	Les enfants au-dessous de 18 ans, les filles mineures et les femmes ne seront pas employés dans les ateliers où se dégagent le chlore et l'acide sulfureux............	Idem.
Boîtes de conserves (Soudure des)....................	Les enfants au-dessous de 16 ans ne seront pas employés à la soudure des boîtes...........	Gaz délétères.
Boulonniers et autres emboutisseurs de métaux par moyens mécaniques	Les enfants au-dessous de 18 ans ne seront pas employés dans les ateliers où se dégagent des poussières............	Poussières nuisibles.
Boyauderies............ ...	Les enfants au-dessous de 18 ans, les filles mineures et les femmes ne seront pas employés au soufflage...........	Danger d'affections pulmonaires.

ETABLISSEMENTS.	CONDITIONS.	MOTIFS.
Caoutchouc (Application des enduits du)...............	Les enfants au-dessous de 18 ans, les filles mineures et les femmes ne seront pas employés dans les ateliers où se dégagent les vapeurs de sulfure de carbone et de benzine...................	Vapeurs nuisibles.
Caoutchouc (Travail du) avec emploi d'huiles essentielles ou du sulfure de carbone...	Les enfants au-dessous de 18 ans, les filles mineures et les femmes ne seront pas employés dans les ateliers où se dégagent les vapeurs de sulfure de carbone............	Idem.
Cardage des laines, etc. (Voir Battage.) Chanvre (Teillage du) en grand. (Voir Teillage.) Chanvre imperméable. (Voir Feutre goudronné.) Chapeaux de feutre (Fabrication de)	Les enfants au-dessous de 18 ans ne seront pas employés lorsque les poussières se dégageront librement dans les ateliers...................	Poussières nuisibles
Chapeaux de soie ou autres préparés au moyen d'un vernis (Fabrication de)........	Les enfants au-dessous de 18 ans ne seront pas employés dans les ateliers où l'on fabrique et applique le vernis........	Vapeurs nuisibles.
Chaux (Fours à).............	Les enfants au-dessous de 18 ans ne seront pas employés dans les ateliers où se dégagent les poussières	Poussières nuisibles.
Chiffons (Dépôts de)	Les enfants au-dessous de 18 ans ne seront pas employés au triage et à la manipulation des chiffons................	Idem.
Chiffons (Traitement des) par la vapeur de l'acide chlorhydrique.....................	Les enfants au-dessous de 18 ans, filles mineures et femmes ne seront pas employés dans les ateliers où se dégagent les acides.................	Vapeurs nuisibles.
Chromolithographies	Les enfants au-dessous de 16 ans ne seront pas employés au bronzage à la machine......	Poussières nuisibles.
Ciment (Fours à).............	Les enfants au-dessous de 18 ans ne seront pas employés dans les ateliers où se dégagent des poussières	Idem.

ÉTABLISSEMENTS.	CONDITIONS.	MOTIFS.
Collodion (Fabrication du).....	Les enfants au-dessous de 16 ans ne seront pas occupés dans les ateliers où l'on manipule les matières premières et les dissolvants................	Danger d'incendie.
Cotons et cotons gras (Blanchisserie des déchets de)	Les enfants au-dessous de 18 ans, filles mineures et femmes ne seront pas employés dans les ateliers où l'on manipule le sulfure de carbone.	Vapeurs nuisibles.
Cordes d'instruments en boyaux. (Voir Boyauderies.) Corne, os et nacre (Travail à sec des)...................	Les enfants au-dessous de 18 ans ne seront pas employés lorsque les poussières se dégageront librement dans les ateliers................	Poussières nuisibles.
Crins (Teinture des). [Voir Teintureries] Crins et soies de porcs. (Voir Soies de porc.) Cuir verni (Fabrication de). [V. Feutre et visières vernies.] Cuivre (Trituration des composés du)...................	Les enfants au-dessous de 18 ans ne seront pas employés dans les ateliers où les poussières se dégagent librement.	Idem.
Cuivre (Dérochage du) par les acides...................	Les enfants au-dessous de 18 ans, filles mineures et femmes ne seront pas employés dans les ateliers où se dégagent les vapeurs acides......	Vapeurs nuisibles.
Déchets de laine (Dégraissage des), [V. Peaux, étoffes, etc.] Déchets de soie (Cardage des).	Les enfants au-dessous de 18 ans ne seront pas employés dans les ateliers où les poussières se dégagent librement.......	Poussières nuisibles.
Dorure et argenture..........	Les enfants au-dessous de 18 ans, filles mineures et femmes ne seront pas employés dans les ateliers où se produisent des vapeurs acides ou mercurielles	Emanations nuisibles.
Eaux grasses (Extraction pour la fabrication des savons et autres usages des huiles contenues dans les)...........	Les enfants au-dessous de 18 ans, filles mineures et femmes ne seront pas employés dans les ateliers où l'on emploie le sulfure de carbone..	Idem.

ÉTABLISSEMENTS.	CONDITIONS.	MOTIFS.
Écorces (Battoir à). [Voir Battoir.]		
Émail (Application de l') sur les métaux..............	Les enfants au-dessous de 18 ans, les filles mineures et les femmes ne seront pas employés dans les ateliers où l'on broie et blute les matières...	Emanations nuisibles.
Émaux (Fabrication d') avec fours non fumivores........	Idem....................	Idem.
Épaillage des laines et draps par la voie humide.........	Les enfants au-dessous de 18 ans, filles mineures et femmes ne seront pas employés dans les ateliers où se dégagent des vapeurs acides.....	Idem.
Étoupes (Transformation en) des cordages hors de service, goudronnés ou non........	Les enfants au-dessous de 18 ans ne seront pas employés lorsque les poussières se dégagent librement dans les ateliers.....................	Poussières nuisibles.
Faïence (Fabrique de)........	Les enfants au-dessous de 18 ans ne seront pas employés dans les ateliers où l'on pratique le broyage, le blutage..	Idem.
Fer (Dérochage du)...........	Les enfants au-dessous de 18 ans, filles mineures et femmes ne seront pas employés dans les ateliers où se dégagent des vapeurs et où l'on manipule des acides........	Vapeurs nuisibles.
Fer (Galvanisation du)........	Idem....................	Idem.
Feuilles d'étain..............	Les enfants au-dessous de 16 ans ne seront pas employés au bronzage à la main des feuilles.....................	Poussières nuisibles.
Feutre goudronné (Fabrication du)...................	Les enfants au-dessous de 18 ans ne seront pas employés lorsque les poussières se dégagent librement dans les ateliers	Idem.
Feutre et lisières vernies (Fabrication de)..............	Les enfants au-dessous de 18 ans ne seront pas employés à la préparation et à l'emploi des vernis	Danger d'incendie et vapeurs nuisibles.
Filature de lin..............	Les enfants au-dessous de 18 ans, les filles mineures et les [fem]mes ne seront pas em[ploy]és lorsque l'écoulement [d]es eaux ne sera pas assuré.	Humidité nuisible.

ÉTABLISSEMENTS.	CONDITIONS.	MOTIFS.
Fonderies en 2ᵉ fusion de fer, de zinc et de cuivre	Les enfants au-dessous de 16 ans ne seront pas employés à la coulée du métal..........	Danger de brûlures.
Fourneaux (Hauts)...........	Idem.....................	Idem.
Fours à plâtre et fours à chaux. (Voir Plâtre, Chaux.)		
Grès (Extraction et piquage des)...............	Les enfants au-dessous de 18 ans ne seront pas employés lorsque les poussières se dégageront librement dans les ateliers...................	Poussières nuisibles.
Grillage des minerais sulfureux quand les gaz sont condensés et que le minerai ne renferme pas d'arsenic..............	Les enfants au-dessous de 18 ans, les filles mineures et les femmes ne seront pas employés dans les ateliers où l'on produit le grillage......	Émanations nuisibles.
Grillage et gazage des tisssus..	Les enfants au-dessous de 18 ans, les filles mineures et les femmes ne seront pas employés lorsque les produits de combustion se dégageront librement dans les ateliers..	Idem.
Hauts fourneaux. (Voir Fonderies.)		
Huiles de pétrole, de schiste et de goudron, essences et autres hydrocarbures employés pour l'éclairage, le chauffage, la fabrication des couleurs et vernis, le dégraissage des étoffes et autres usages (Fabrication, distillation, travail en grand d')...............	Les enfants au-dessous de 16 ans ne seront pas employés dans les ateliers de distillation et dans les magasins....	Danger d'incendie.
Huiles essentielles ou essences de térébenthine, d'aspic et autres. (Voir Huiles de pétrole, de schiste, etc.)		
Huiles extraites des schistes bitumineux. (Voir Huiles de pétrole, de schiste, etc.)		
Jute (Teillage du). [V. Teillage.]		
Liège (Usines pour la trituration du)...............	Les enfants au-dessous de 18 ans ne seront pas employés dans les ateliers où les poussières se dégagent librement.	Poussières nuisibles.
Lin (Teillage en grand du). [Voir Teillage.]		

ÉTABLISSEMENTS	CONDITIONS.	MOTIFS.
Liquides pour l'éclairage (Dépôts de) au moyen de l'alcool et des huiles essentielles....	Les enfants au-dessous de 16 ans ne seront pas employés dans les magasins.........	Danger d'incendie.
Marbres (Sciage ou polissage à sec des)..................	Les enfants au-dessous de 18 ans ne seront pas employés lorsque les poussières se dégageront librement dans les ateliers..................	Poussières nuisibles.
Matières minérales (Broyage à sec des)..................	Idem.....................	Idem.
Mégisseries..................	Les enfants au-dessous de 18 ans, les filles mineures et les femmes ne seront pas employés à l'épilage des peaux.	Danger d'empoisonnement.
Ménageries..................	Les enfants au-dessous de 18 ans ne seront pas employés quand la ménagerie renferme des bêtes féroces ou venimeuses....................	Danger d'accidents.
Moulins à broyer le plâtre, la chaux, les cailloux et les pouzzolanes...............	Les enfants au-dessous de 18 ans ne seront pas employés quand les poussières se dégageront librement des ateliers.	Poussières nuisibles.
Nitrates métalliques obtenus par l'action directe des acides (Fabrication des)..........	Les enfants au-dessous de 18 ans filles mineures et femmes ne seront pas employés dans les ateliers où se dégagent les vapeurs et où se manipulent les acides..........	Vapeurs nuisibles.
Noir minéral (Fabrication du) par le broyage des résidus de la distillation des schistes bitumeux..................	Les enfants au-dessous de 18 ans ne seront pas employés lorsque les poussières se dégageront librement dans les ateliers..................	Poussières nuisibles.
Olives (Tourteaux d'). [Voir Tourteaux.]		
Ouates (Fabrication des)......	Idem.....................	Idem.
Papier (Fabrication du).......	Les enfants au-dessous de 18 ans ne seront pas employés au triage et à la préparation des chiffons..............	Idem.
Papiers peints. (Voir Toiles peintes.)		

ÉTABLISSEMENTS.	CONDITIONS.	MOTIFS.
Peaux, étoffes et déchets de laine (Dégraissage des par les huiles de pétrole et autres hydrocarbures...............	Les enfants au-dessous de 18 ans ne seront pas employés dans les ateliers où l'on traite par les dissolvants, où l'on trie, coupe et manipule les déchets...................	Danger d'incendie ; poussières nuisibles.
Peaux (Lustrage et apprétage des)...................	Les enfants au-dessous de 18 ans ne seront pas employés lorsque les poussières se dégageront librement dans les ateliers...................	Poussières nuisibles.
Peaux de lapin ou de lièvre (Jarrage et coupage des poils de)...................	Idem...................	Idem.
Pétrole. (Voir Huiles de pétrole, etc.)		
Pierre (Sciage et polissage de la)...................	Idem...................	Idem.
Pileries mécaniques de drogues.	Les enfants au-dessous de 18 ans ne seront pas employés lorsque les poussières se dégageront librement dans les ateliers...................	Idem.
Pipes à fumer (Fabrication des).	Idem...................	Idem.
Plâtres (Fours à)...............	Idem...................	Idem.
Poêliers, fournalistes, poêles et fourneaux en faïence et terre cuite. (Voir Faïence.)		
Porcelaine (Fabrication de la).	Les enfants au-dessous de 18 ans ne seront pas employés lorsque les poussières se dégageront librement dans les ateliers...................	Idem.
Poteries de terre (Fabrication de) avec fours non fumivores.	Idem...................	Idem.
Pouzzolane artificielle (Fours à).	Idem...................	Idem.
Réfrigération (Appareils de) par l'acide sulfureux............	Les enfants au-dessous de 18 ans, les filles mineures et les femmes ne seront pas employés dans les ateliers où se dégagent les vapeurs acides.	Emanations nuisibles.
Sel de soude (Fabrication du) avec le sulfate de soude....	Idem...................	Idem.
Sinapismes (Fabrication des) à l'aide des hydrocarbures.....	Les enfants au-dessous de 18 ans, les filles mineures et les femmes ne seront pas employés dans les ateliers où se manipulent les dissolvants...	Vapeurs nuisibles; danger d'incendie

ÉTABLISSEMENTS.	CONDITIONS.	MOTIFS.
Soies de porc (Préparation des).	Les enfants au-dessous de 18 ans ne seront pas employés lorsque les poussières se dégageront librement dans les ateliers...	Poussières nuisibles.
Soude (Voir Sulfate de soude.)		
Soufre (Pulvéris. et blutage du).	Idem.....................	Idem.
Sulfate de peroxyde de fer (Fabrication du) par le sulfate de protoxyde de fer et l'acide nitrique (nitro-sulfate de fer).	Les enfants au-dessous de 18 ans, les filles mineures et les femmes ne seront pas employés dans les ateliers où se dégagent les vapeurs acides.	Vapeurs nuisibles.
Sulfate de protoxyde de fer ou couperose verte par l'action de l'acide sulfurique sur la ferraille....................	Idem...................	Idem.
Sulfate de soude (Fabrication du) par la décomposition du sel marin par l'acide sulfur..	Idem.....................	Idem.
Sulfure de carbone (Fabrication du)................	Les enfants au-dessous de 18 ans ne seront pas employés dans les ateliers où se dégagent des vapeurs nuisibles.......	Vapeurs délétères; danger d'incendie.
Sulfure de carbone (Manufactures dans lesquelles on emploie en grand le).........	Idem.....................	Idem.
Sulfure de carbone (Dépôts de).	Idem.....................	Idem.
Superphosphate de chaux et de potasse (Fabrication du). ...	Les enfants au-dessous de 18 ans, les filles mineures et les femmes ne seront pas employés dans les ateliers où se dégagent des vapeurs acides et des poussières...........	Emanations nuisibles.
Tabacs (Manufactures de).....	Les enfants au-dessous de 16 ans ne seront pas employés dans les ateliers où l'on démolit les masses................	Idem.
Taffetas et toiles vernis ou cirés (Fabrication de)........	Les enfants au-dessous de 16 ans ne seront pas employés dans les ateliers où l'on prépare et applique les vernis.........	Danger d'incendie.
Tan (Moulins à).......	Les enfants au-dessous de 18 ans ne seront pas employés quand les poussières se dégagent librement dans les ateliers...	Poussières nuisibles.
Tanneries..................	Idem.....................	Idem.
Tapis (Battage en grand des). [Voir Battage.]		
Teillage du lin, du chanvre et du jute en grand...........	Idem.....................	Idem.

ÉTABLISSEMENTS.	CONDITIONS.	MOTIFS.
Teintureries...............	Les enfants au-dessous de 18 ans, les filles mineures et les femmes ne seront pas employés dans les ateliers où l'on emploie des matières toxiques.	Danger d'empoisonnement.
Térébenthine (Distillation et travail en grand de la). [Voir Huiles de pétrole, de schiste, etc.]		
Toiles cirées. (Voir Taffetas et toiles vernis.)		
Toiles peintes (Fabrique de).	Idem......................	Idem.
Toiles vernies (Fabrique de) [V. Taffetas et toiles vernis.]		
Tourteaux d'olives (Traitement des) par le sulfure de carbone.	Les enfants au-dessous de 18 ans, les filles mineures et les femmes ne seront pas employés dans les ateliers où l'on manipule le sulfure de carbone...................	Emanations nuisibles.
Tôles et métaux vernis.	Les enfants au-dessous de 18 ans, les filles mineures et les femmes ne seront pas employés dans les ateliers où l'on emploie des matières toxiques...................	Danger d'empoisonnement.
Vernis à l'esprit-de-vin (Fabrique de)................	Les enfants au-dessous de 16 ans ne seront pas employés dans les ateliers où l'on prépare et manipule les vernis.........	Danger d'incendie.
Vernis (Ateliers où l'on applique le) sur les cuirs, feutres, taffetas, toiles, chapeaux. [Voir ces mots.]		
Verreries, cristalleries et manufactures de glaces..	Les enfants au-dessous de 18 ans, les filles mineures et les femmes ne seront pas employés dans les ateliers où les poussières se dégagent librement et où il est fait usage de matières toxiques........	Poussières nuisibles.
Vessies nettoyées et débarrassées de toute substance membraneuse (Atelier pour le gonflement et le séchage des)...	Les enfants au-dessous de 18 ans, les filles mineures et les femmes ne seront pas employés au travail du soufflage.	Danger d'affections pulmonaires.
Visières vernies (Fabrique de). [Voir Feutres et visières.]		

4° Les charges à porter étaient déterminées par le susdit décret du 13 mai 1893 (art. 11) et celles à transporter par véhicules (surcharges) par l'arrêté du 31 juillet 1894.

Décret du 13 mai 1893

Art. 11. — Les jeunes ouvriers ou ouvrières au-dessous de 18 ans employés dans l'industrie ne peuvent porter, tant à l'intérieur qu'à l'extérieur des manufactures, usines, ateliers et chantiers, des fardeaux d'un poids supérieur aux suivants :

Garçons au-dessous de 14 ans....	10	kilogr.
Garçons de 14 à 18 ans..........	15	—
Ouvrières au-dessous de 16 ans..	5	—
Ouvrières de 16 à 18 ans........	10	—

Il est interdit de faire traîner ou pousser par lesdits jeunes ouvriers et ouvrières, tant à l'intérieur des établissements industriels que sur la voie publique, des charges correspondant à des efforts plus grands que ceux ci-dessus indiqués.

Les conditions d'équivalence des deux genres de travail seront déterminées par arrêté ministériel.

ARRÊTÉ MINISTÉRIEL DU 31 JUILLET 1894

relatif aux surcharges

(Complété par l'arrêté du 27 mai 1902.)

Le Ministre du Commerce, de l'Industrie, des Postes et des Télégraphes, etc.,

Arrête :

La limite supérieure de la charge qui peut être traînée ou poussée par les jeunes ouvriers et ouvrières au-dessous de 18 ans, tant à l'intérieur des établissements industriels que sur la voie publique, est fixée ainsi qu'il suit, *véhicule compris* :

1° Wagonnets circulant sur la voie ferrée :

Garçons au-dessous de 14 ans...	300	kilogr.
Garçons de 14 à 18 ans..........	500	—
Ouvrières au-dessous de 16 ans.	150	—
Ouvrières de 16 à 18 ans........	300	—

2° Brouettes :

    Garçons de 14 à 18 ans........... 40 kilogr.

3° Voitures à trois ou quatre roues, dites « placières, pousseuses, pousse-à-main » :

    Garçons au-dessous de 14 ans.... 35 kilogr.
    Garçons de 14 à 18 ans........... 60 —
    Ouvrières au-dessous de 16 ans.. 35 —
    Ouvrières de 16 à 18 ans......... 50 —

4° Charrettes à bras, dites « haquets, brancards, charretons, voitures à bras », etc. :

    Garçons de 14 à 18 ans......... 130 kilogr.

5° Tricycles porteurs :

    Garçons de 16 à 18 ans........... 75 kilogr.

Un récent décret du 11 mars 1908 a modifié ces dispositions. En réalité, la seule modification, en ce qui concerne les charges, vise la catégorie des garçons de 14 à 18 ans et des filles de moins de 16 ans, qui ont été dédoublées. Pour les garçons de 14 à 16 ans, la limite de charge reste fixée à 15 kilos, de 16 à 18 ans elle a été portée de 15 à 20 kilos, pour les filles au-dessous de 14 ans elle reste fixée à 5 kilos, pour celles de 14 à 16 ans elle est portée de 5 kilos à 8 kilos.

En ce qui concerne les transports (surcharges) les modifications sont les suivantes :

Les transports par brouettes et par charrettes à bras, à deux roues, sont interdits aux garçons de moins de 14 ans et aux ouvrières de moins de 18 ans.

Les transports sur cabrouets sont interdits aux garçons de moins de 18 ans, ainsi qu'aux ouvrières de tout âge.

Le décret du 11 mars 1908 autorise pour les garçons de 14 à 15 ans le transport, par tricycle porteur, d'une charge de 50 kilos, alors que, jusque-là, ce mode de transport n'était permis qu'aux garçons de 16 à 18 ans.

Il spécifie en outre que les limites de poids fixées pour les transports par wagonnets, brouettes, pousse-à-main (à 3 et 4 roues), charrettes à bras et tricycles porteurs doivent s'entendre « véhicules compris », ce qui avait été omis par l'arrêté ministériel antérieur.

Le couchage des enfants ne fait pas l'objet de mesures spéciales ; il est réglé par le décret du 28 juillet 1904, rendu en exécution de l'article 3 de la loi du 12 juin 1893, modifiée par la loi du 11 juillet 1903, qui concerne le couchage de l'ensemble du personnel.

Les dispositions principales visent le cube d'air et la hauteur des dortoirs, ainsi que différentes mesures d'hygiène, telles que le revêtement du plafond et du sol, l'épaisseur des murs, l'entretien de la literie, les lavabos, les communications avec les fosses d'aisances.

Il exige que chaque personne ou enfant dispose d'un lit à son usage exclusif ; il interdit de faire coucher le personnel dans des ateliers, magasins ou locaux quelconques affectés à un usage industriel.

e) Bien qu'on puisse déplorer des infractions en nombre toujours trop considérable, il n'est cependant pas permis, d'une manière générale, de contester l'efficacité des mesures de protection concernant les enfants ; elles sont appliquées d'une façon relativement satisfaisante et l'inspection du travail en fait l'objet d'une vigilance particulière, notamment en ce qui concerne l'âge d'admission, la durée du travail, l'interdiction du travail de nuit, le repos hebdomadaire, l'emploi des enfants dans les industries insalubres.

Par contre, on constate une application insuffisante des dispositions relatives aux charges (qui en fait échappe à l'inspection du travail), au couchage (dans les métiers de l'alimentation), à l'emploi des enfants dans les théâtres et dans les professions ambulantes.

Sanctions. — Pour les infractions à la loi du 2 novembre 1892, les sanctions consistent en des amendes de 5 à 15 francs, prononcées par le tribunal de simple police, appliquées autant de fois qu'il y aura de personnes employées dans des conditions contraires aux lois.

En cas de récidive, le contrevenant relève du tribunal correctionnel et encourt une amende de 16 à 100 francs, autant de fois qu'il a été relevé de contraventions nouvelles.

Toutefois, le tribunal correctionnel peut admettre les circonstances atténuantes : le minimum de l'amende est alors de 5 francs.

Dans le cas de récidive, le tribunal peut ordonner l'affichage du jugement et également l'insertion dans des journaux du département.

Pour les infractions à la loi du 7 décembre 1874 (cirques et professions ambulantes), les sanctions sont les suivantes :

Pour emploi d'enfants en sous-âge, emprisonnement de 6 mois à 2 ans ; amende de 16 à 200 francs. Ces peines sont applicables aux parents, tuteurs ou patrons qui auront livré leurs enfants dans ces conditions. La condamnation entraîne de plein droit la destitution de la tutelle et peut entraîner la déchéance de la puissance paternelle.

L'emploi d'enfants à la mendicité est puni des mêmes peines que celle-ci ; il peut entraîner la déchéance de la puissance paternelle.

Les individus employant des enfants à l'une des professions visées par cette loi et qui ne seraient pas porteurs de leur acte de naissance encourent un emprisonnement de un à six mois et une amende de 16 à 50 francs. Les circonstances atténuantes peuvent être admises pour tous ces délits.

Pour la loi du 22 février 1851 (apprentissage), des sanctions pénales sont prévues pour infractions aux articles portant incapacité pour certaines personnes de recevoir des apprentis ; et aux articles qui fixent la durée du travail des apprentis, leur interdisent le travail de nuit et celui des dimanches et jours fériés, et qui obligent le maître à laisser prendre aux apprentis de moins de 16 ans, sur la journée de travail, le temps nécessaire pour apprendre à lire, écrire et compter ou compléter leur instruction religieuse.

Ces contraventions sont poursuivies devant le tribunal de simple police et punies d'une amende de 5 à 15 francs.

En cas de récidive, le tribunal peut, en outre, prononcer un emprisonnement de un à cinq jours.

Lorsqu'il s'agit d'individus dont l'incapacité à recevoir des apprentis est motivée par une condamnation antérieure pour certains crimes ou délits, en cas de récidive, l'infraction est justiciable du tribunal correctionnel, l'emprisonnement est de 15 jours à 3 mois et l'amende de 50 à 300 francs.

Les circonstances atténuantes sont admises.

Pour la loi du 12 juin 1893, modifiée par celle du 11 juillet 1903 (hygiène, sécurité, couchage), la première infraction est passible de la simple police et punie d'une amende de 5 à 15 francs, prononcée autant de fois qu'il y aura de contraventions distinctes, sans que le total en puisse excéder 200 francs. Le jugement fixera le délai dans lequel seront exécutés les travaux.

S'ils ne sont pas exécutés dans ce délai, l'affaire doit être, sur nouveau procès-verbal, portée devant le tribunal correctionnel qui peut, après une nouvelle mise en demeure restée sans résultat, ordonner la fermeture de l'établissement.

En cas de récidive, le tribunal correctionnel prononcera une amende de 50 à 500 francs, sans que la totalité puisse dépasser 2,000 francs.

D'une façon générale, on peut dire que les lois qui prévoient des sanctions très graves ne sont que peu appliquées (loi du 7 décembre 1874, loi du 22 février 1851).

Pour les autres, les sanctions prévues sont faibles ; lors même que, pour le cas de récidive, le juge est autorisé à en appliquer de plus importantes, la tendance est de se contenter des moins fortes.

Les parquets ont également, pour l'ensemble des infractions aux lois ouvrières, une tendance regrettable, en beaucoup de cas, à classer les procès-verbaux.

Enfin, depuis quelques années, des amnisties extrêmement fréquentes détruisent encore, en partie, l'efficacité des sanctions.

Enfin encore, l'espacement trop considérable des visites des inspecteurs, dû à leur nombre insuffisant, et la manière un peu étroite dont la loi définit la récidive (1) achèvent de faire que les peines

---

(1) Il y a récidive lorsque, dans les douze mois antérieurs au fait poursuivi, le contrevenant a déjà subi une condamnation pour une contravention identique.

(5 à 15 francs d'amende) prévues pour la première infraction sont les plus généralement appliquées.

Surveillance. — La surveillance est principalement confiée aux inspecteurs du travail. Les instituteurs n'y participent pas — si ce n'est de la façon la plus indirecte — pour veiller à la fréquentation scolaire jusqu'à 13 ans.

Les officiers de police judiciaire sont théoriquement qualifiés pour procéder à la constatation de toutes les contraventions, de celles aux lois relatives au travail comme des autres. En fait, ils ne s'en occupent que très rarement et il ne semble pas désirable qu'ils le fassent.

Les maires et leurs adjoints pourraient intervenir, en cette qualité seulement.

ENSEIGNEMENT PROFESSIONNEL

L'enseignement professionnel n'est pas organisé par la loi. Toutefois, un grand nombre d'organes existent à cet effet, dépendant de l'Etat, des départements, des communes ou de l'initiative privée.

Tout d'abord, dans certaines écoles, notamment celles de la ville de Paris, on a organisé des travaux manuels qui, sans préparer les enfants à un métier déterminé, les habituent, dans toute leur généralité, soit au travail du fer, soit au travail du bois.

D'une manière plus générale, on avait pensé, lors de l'organisation de l'enseignement primaire, apporter une solution à ce problème par la création des écoles primaires supérieures, où une place était faite au travail manuel.

Il ne semble pas que le but ait été atteint. Par la force des choses, encore plus que par la tournure d'esprit et par les conceptions des hommes qui ont créé et dirigé ce service, rattaché au ministère de l'Instruction publique, il est arrivé que l'enseignement technique a été relégué au second plan, au rang des *matières accessoires* donné par des maîtres auxiliaires. On y a fait prédominer l'enseignement général destiné à préparer « l'homme lui-même », c'est-à-dire un cœur, une intelligence, une conscience.

Un grand nombre des élèves qui sont sortis de ces écoles sont devenus fonctionnaires ou agriculteurs ; beaucoup d'autres se sont dirigés vers certaines branches des carrières commerciales, notamment vers les emplois de comptables ; un très petit nombre se sont consacrés aux professions industrielles. Un des meilleurs résultats qu'on en ait obtenus est sans doute la préparation des candidats aux écoles d'arts et métiers qui forment des contremaîtres et même de plus en plus des ingénieurs pour la plupart des postes courants.

Sans que les résultats obtenus soient nuls, il semble bien qu'il n'y ait pas là enseignement professionnel au sens propre du mot, qui est de suppléer à l'absence ou à l'insuffisance de l'apprentissage. En réalité, les écoles primaires supérieures préparent des sujets susceptibles de devenir de bons apprentis par la culture qu'elles leur donnent et permettent aux jeunes gens de ne pas entrer à l'atelier à un âge où son influence leur serait préjudiciable.

Elles sont au nombre de 221 pour les garçons et de 111 pour les filles contenant respectivement 28,900 et 15,400 élèves.

C'est dans le même ordre d'idées qu'ont été créés, dans près de 1,500 écoles, en France, des cours complémentaires, dont 800 pour les garçons ; mais la place faite à l'enseignement manuel et professionnel y est plus forte, surtout depuis quelques années, et après l'exemple donné par ceux de la ville de Paris. Ils sont envisagés par quelques-uns comme une préparation à l'école primaire supérieure ; en fait, et davantage que celles-ci, ils fournissent des apprentis assez bien préparés aux ateliers.

Comme aux écoles primaires supérieures on peut leur reprocher d'avoir, au point de vue professionnel, des programmes trop uniformément rigides et pas assez adaptés aux nécessités industrielles de la région.

Les écoles pratiques de commerce et d'industrie, établies par le décret du 22 février 1893, avaient pour objet « de faire des employés de commerce et des « ouvriers aptes à être immédiatement utilisés au « comptoir ou à l'atelier ». Ces écoles sont d'un caractère mixte : elles sont fondées par les départements ou des groupes de communes et reçoivent de l'Etat des subventions. Ces écoles relèvent du ministère du Commerce et de l'Industrie.

Elles sont beaucoup mieux outillées que les précédentes et sont plus adaptées aux besoins des différentes régions. Le temps consacré au travail d'atelier y est à peu près quatre fois supérieur à celui qu'accordent les écoles primaires supérieures.

On en compte environ 50 avec près de 3,000 élèves. Environ 90 0/0 des élèves entrent dans l'industrie ou le commerce. Les résultats pratiques en sont meilleurs et, sans qu'on puisse dire qu'elles forment véritablement des ouvriers, il est sans doute assez exact de dire qu'elles fournissent des « petites mains ». Toutefois, certains leur reprochent d'essayer une spécialisation prématurée.

Il existe également quatre *écoles nationales profes-sionnelles*, à Vierzon, Armentières, Voiron et Nantes. Leurs élèves se recrutent par concours dans la France entière. Ils sont au nombre de 1,500 environ. Ce sont des écoles pratiques supérieures ; elles sont plus spécialement destinées à préparer aux carrières industrielles.

La première année, les élèves sont mis à l'essai dans les métiers du bois et du fer, pour rechercher leurs aptitudes ; la seconde année, ils optent pour une profession. Ils ne sont pas spécialisés et passent successivement dans tous les ateliers de leur profession. Une section spéciale les prépare aux écoles d'arts et métiers.

En fait, ces écoles obtiennent quelques résultats ; mais la majorité des élèves y entrent pour se préparer aux écoles d'arts et métiers ; leur recrutement se fait surtout parmi les enfants de petite ou moyenne bourgeoisie et d'agriculteurs aisés et sont peu enclins à en sortir comme ouvriers : fondées en 1880, on évalue ensemble à 3,600 environ le nombre d'ouvriers fournis par les quatre écoles. Il semble que ces jeunes gens sont aptes à gagner, à leur sortie, des salaires plus élevés que ceux des écoles pratiques.

Un grand nombre de municipalités ont aussi créé des écoles industrielles. Mais, ici encore, ces écoles, quoique fort remarquables à beaucoup de points de vue, restent en dehors du problème de l'enseignement professionnel tel que nous l'avons défini plus haut. Ce sont pour la plupart des écoles techniques du degré secondaire ; elles forment des contremaîtres, des chefs d'ateliers, voire même des ingénieurs pour un grand nombre de postes courants et rendent, de ce chef, de grands services.

La ville de Paris possède six écoles spéciales, les écoles Estienne (arts polygraphiques), Boulle (meuble), Diderot et Dorian (arts mécaniques, menuiserie, modelage), Germain Pilon (arts décoratifs), Bernard Palissy (industries d'art).

Ces écoles, comme les autres, forment en quelque sorte des cadres ; elles donnent un enseignement sérieux et donnent à leurs élèves des qualités professionnelles sérieuses et une grande habileté de main, elles en font, suivant un terme dont on abuse, « des ouvriers d'élite », mais non des « ouvriers » immédiatement utilisables pour l'industrie.

Pour celles-là comme pour les autres, le but n'est pas atteint ; les premières que nous avons citées sont restées au-dessous ; les dernières l'ont dépassé. Pour toutes restent deux inconvénients inséparables du type de l'école autonome d'apprentissage : il manque l'atmosphère de l'atelier ; les élèves ne savent pas produire vite, industriellement, en prenant souci d'épargner la matière et le temps ; ils travaillent pour les examens, les concours. En outre, elles ne reçoivent qu'un nombre restreint d'élèves ; l'ensemble des écoles professionnelles ne groupe que 3 à 4 % du nombre des jeunes gens intéressés par la question de l'enseignement professionnel.

Aussi, de plus en plus, l'opinion s'impose-t-elle que ce n'est qu'à l'atelier et par l'apprentissage que se font les bons ouvriers. Il faut donc, d'une part, travailler à permettre et maintenir le recrutement des apprentis et, d'autre part, mettre à la portée de ceux-ci, par des cours de perfectionnement, les notions scientifiques et théoriques complémentaires que l'atelier ne peut leur donner et qui sont plus nécessaires que jamais au bon ouvrier.

Ce sont ces considérations qui ont inspiré le projet et la proposition de loi présentés à la Chambre des députés que nous signalons ci-après.

Mais déjà un grand nombre de cours existent tant à l'usage des adultes que des apprentis, créés par les villes, les chambres de commerce, les syndicats professionnels, les associations privées (1).

Parmi les plus caractéristiques et qui remplissent le mieux leur but, il faut citer les cours techniques organisés par la ville de Paris dans certaines écoles qui ont reçu l'outillage nécessaire, et où les élèves, qui, dans la proportion de près de 80 %, ont moins de 18 ans, reçoivent, de la part de maîtres ouvriers, spécialement préparés par l'inspecteur chef de ce service, un enseignement d'ordre pratique portant sur les éléments de géométrie et de mathématiques, sur le dessin, sur la technologie. Le principe de l'enseignement consiste à montrer et faire comprendre, plutôt qu'à donner des démonstrations ; et pour achever de ne pas rebuter les jeunes auditeurs, les maîtres ont soin de remonter du connu à l'inconnu en partant d'objets ou d'opérations de pratique courante à l'atelier : l'explication de leur raison d'être amène à signaler et à expliquer les principes dont on peut ensuite

---

(1) En négligeant les nombreux cours qui, en réalité, ne font pas de l'enseignement professionnel (musique, escrime, danse, etc., etc.) et en tenant compte de la régularité de présence des auditeurs, on estime à 45,000 environ les jeunes gens qui en reçoivent un enseignement, alors qu'on évalue à 600,000 le nombre de ceux qui en auraient besoin.

tirer les autres conséquences. Les pièces qui ont été dessinées sont exécutées le dimanche matin à l'aide de l'outillage du cours.

Il existe douze de ces cours s'adressant aux apprentis mécaniciens, chaudronniers, menuisiers, modeleurs, menuisiers en voitures, etc. Ils fonctionnent le soir et le dimanche matin.

Ils ont un grand succès et rendent des services pratiques sérieux et maintes fois constatés et vérifiés depuis quelques années qu'ils existent.

Leur principal défaut est d'avoir lieu après la journée de travail, lorsque les enfants sont fatigués.

Des efforts combinés du chef de ce service et d'une association privée, la *Société de protection des apprentis*, est résultée la création d'un cours fréquenté par 75 apprentis mécaniciens de précision appartenant à différentes maisons et qui fonctionnent cinq fois par semaine, de 4 h. 3/4 à 6 h. 1/2. Ces 75 élèves constituent deux sections ; la seconde a dû être créée récemment pour donner satisfaction aux demandes de certains patrons, et, actuellement encore, le nombre des candidats est presque double de celui des places disponibles.

PROJETS A L'ÉTUDE. — DESIDERATA

a) Le Parlement est actuellement saisi d'un projet de loi, déposé par le Gouvernement, relatif à l'organisation de *l'enseignement professionnel obligatoire*. Cet enseignement devrait être donné *pendant la journée de travail* à tous les enfants de moins de 18 ans, sans que le temps ainsi obligatoirement laissé aux enfants par les patrons excède huit heures par semaine. Ce projet a fait l'objet d'un rapport devant la Chambre, qui n'en a pas abordé encore la discussion.

b) Une proposition de loi a été déposée sur *l'apprentissage* par M. Henri Michel, député. Celui-ci a fait siennes les conclusions auxquelles était arrivé, en 1902, le Conseil supérieur du travail : le contrat d'apprentissage serait libre ; mais, s'il en était fait un, il devrait être écrit ; la surveillance de l'apprentissage devrait être organisée par la loi ; il y aurait lieu, de même, d'instituer un examen de fin d'apprentissage et un certificat d'apprentissage ; la limitation du nombre des apprentis pour un même patron devrait être possible.

Desiderata. — L'Association nationale française pour la protection légale des travailleurs a émis, à différentes époques, des vœux tendant :

1° *A instituer pour les enfants le travail de demi-temps ;*

2° *A interdire, sans dérogations, l'emploi des enfants dans les théâtres et concerts ;*

3° Au renforcement et à l'application énergique de la loi du 7 décembre 1894 pour protéger les enfants employés dans les métiers des rues ;

4° A assurer la protection des enfants employés dans le travail à domicile ;

5° A l'assimilation des métiers de l'alimentation à l'industrie en ce qui concerne le travail des enfants. Cette assimilation, qui semble avoir été dans l'esprit des auteurs de la loi de novembre 1892, a été déclarée non fondée par un arrêt du Conseil d'Etat.

M. Raoul Jay a manifesté à maintes reprises, au cours des séances de l'Association, sans que celle-ci se soit prononcée, le désir que la durée du travail des enfants dans l'industrie soit progressivement réduite au-dessous de sa limite actuelle.

Décret relatif aux charges. — Le conseil d'administration de l'Association ouvrière de l'hygiène des ateliers et des travailleurs a présenté plusieurs observations sur la réglementation actuelle. Il estime que certains des poids tolérés sont excessifs ; mais surtout il conviendrait de tenir compte des distances à parcourir, de la durée de l'effort, du fait que ce travail est habituel ou accidentel ; ce qu'on pourrait résumer en demandant que la réglementation soit différente suivant qu'il s'agit de la manutention ou du transport.

ASSOCIATION INTERNATIONALE

POUR

LA PROTECTION LÉGALE DES TRAVAILLEURS

2, Rebgasse, Bâle (Suisse)

Liste des ouvrages publiés depuis sa constitution

Compte rendu de l'Assemblée constitutive tenue à Bâle les 27 et 28 septembre 1901. — 1 vol., 270 p., Paris, Le Soudier, éditeur.

Compte rendu de la 2e Assemblée générale du Comité de l'Association internationale tenue à Cologne les 26 et 27 septembre 1902. — 1 vol., 82 p., Paris, Le Soudier, éditeur.

Les industries insalubres. — 1 vol., 460 p., Paris, 1903, Le Soudier, éditeur.

Le travail de nuit des femmes dans l'industrie. — 1 vol., 381 p., Paris, 1903, Le Soudier, éditeur.

Bulletin de l'Office international du travail (tome I, année 1902; tome II, année 1903). — Paris, Le Soudier, éditeur.

(Paraît d partir de 1904 chez Berger-Levrault, *Nancy et Paris)*

Orléans. — Imp. Auguste Gout & Cⁱᵉˢ

TROISIÈME SÉRIE *(Suite)*

VI. *La Protection légale des enfants occupés hors de l'industrie en France.* — III. La Situation en France. — Communications de MM. l'abbé MÉNY, GEMÄHLING, Mᵐᵉ BLONDEAU, MM. Georges PIOT, Raoul JAY, Léon VIGNOLS.

VII. *De l'extension de la loi du 29 décembre 1900 aux femmes employées dans l'industrie.* — Rapport d'Mᵐᵉ DE LA RUELLE, Inspectrice du travail.

VIII. *La grève et l'organisation ouvrière.* — Communication de M. A. MILLERAND, président de l'Association.

— Chaque brochure : 0 fr. 60.

L'ensemble de ces brochures forme un volume de 3 fr. 50 sous le titre :

LA PROTECTION LÉGALE DES TRAVAILLEURS

Troisième série (1905-1906).

RAPPORTS PRÉSENTÉS A L'ASSEMBLÉE DE GENÈVE (1906) PAR LA SECTION FRANÇAISE

Le travail de nuit des adolescents dans l'industrie française. — Rapport de M. MARTIN-SAINT-LÉON. — Brochure, 0 fr. 60.

Les poisons industriels. — Rapport de M. Georges ALFASSA. — Brochure, 0 fr. 60.

L'assurance ouvrière et les ouvriers étrangers. — Rapport de M. Henri BARRAULT. — Brochure, 0 fr. 10.

La limitation légale de la journée de travail en France. — Rapport de M. Raoul JAY. — Brochure, 0 fr. 60.

Le travail à domicile en France. — Rapport de MM. Paul PIC et A. AMIEUX. — Br., 0 fr. 30.

QUATRIÈME SÉRIE

LE CONTRAT DE TRAVAIL (Examen du projet de loi du Gouvernement). — Rapports de M. PERREAU, professeur à la Faculté de Droit de Paris, et de M. FAGNOT, enquêteur au ministère du Travail. — 1 volume, 3 fr. 50.

CINQUIÈME SÉRIE

I. *La Conciliation dans les conflits collectifs et les travaux de la section du Nord de l'Association.* — Rapport de M. AFTALION. — Brochure, 0 fr. 60.

II. *La loi du 7 mars 1850 e. le Mesurage du travail à la tâche.* — Rapport de M. Ad. BOISSARD. — Brochure, 0 fr. 60.

III. *Le Contrat de travail et le Code civil.* — Rapports de MM. PERREAU et GROUSSIER. — 1 volume, 3 fr. 50.

Ces publications sont servies aux membres de l'Association.

L'Association nationale française examine et discute dans ses réunions périodiques les questions de législation du travail à l'ordre du jour. Elle publie le compte rendu de ses discussions.

Sont membres de l'Association les personnes et les sociétés qui considèrent la législation protectrice des travailleurs comme nécessaire et adhèrent aux statuts de l'Association.

La cotisation annuelle est fixée à **10** francs. Elle est réduite à **3** francs pour les personnes ou les sociétés qui ne demandent pas à recevoir les publications de l'Office international.

Les adhésions sont reçues par le trésorier de l'Association : M. Léon DE SEILHAC, délégué permanent du Musée social, 5, rue Las-Cases.

ORLÉANS. — IMP. AUGUSTE GOUT & Cⁱᵉ